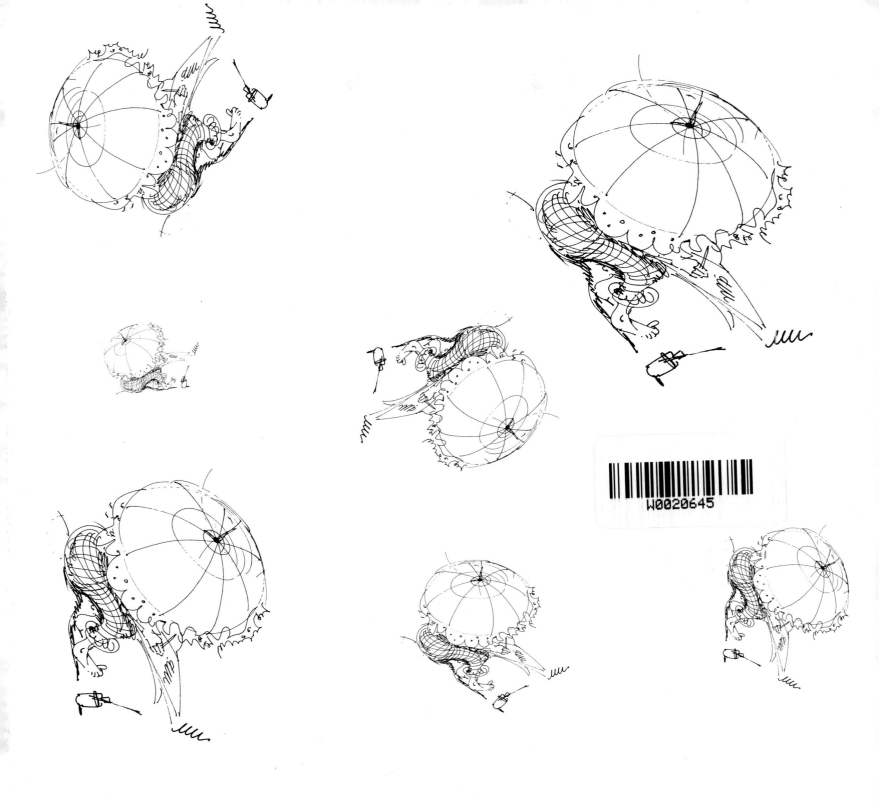

Hallig
Oland
Heidemann

Weg zur Kirche
auf der
Warft

Oddle Wattseite
30 Juni 83 XX
Dahinten Föhr

Hilde Sudemann

Schöne Ferientage auf Amrum und den Halligen

Auf der Fahrt nach Amrum Mai 78
Sudemann

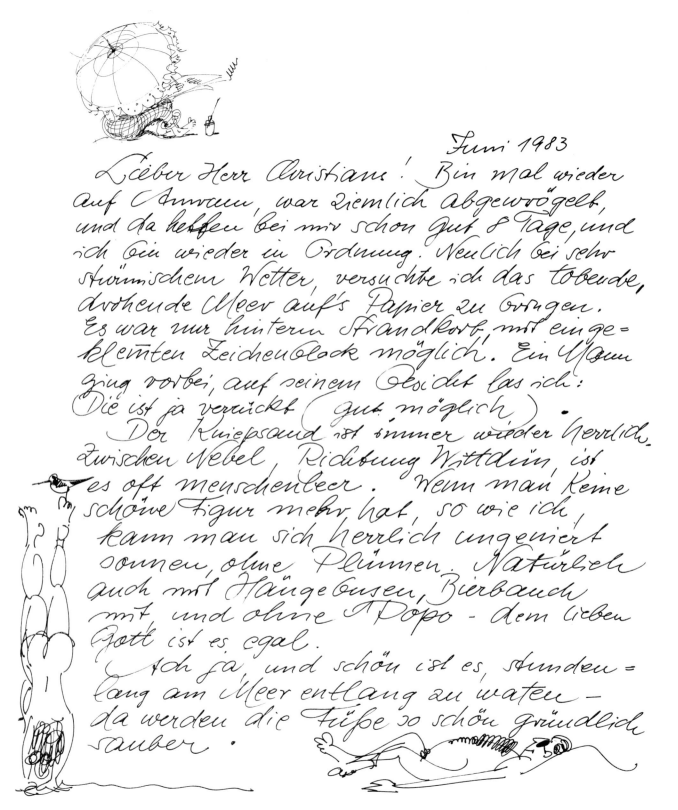

Juni 1983

Lieber Herr Christians! Bin mal wieder auf Amrum, war ziemlich abgewrögelt, und da helfen bei mir schon gut 8 Tage, und ich bin wieder in Ordnung. Neulich bei sehr stürmischem Wetter, versuchte ich das tobende, drohende Meer auf's Papier zu bringen. Es war nur hinterm Strandkorb, mit eingeklemmten Zeichenblock möglich. Ein Mann ging vorbei, auf seinem Gesicht las ich: Die ist ja verrückt (gut möglich).

Der Kniepsand ist immer wieder herrlich. Zwischen Nebel, Richtung Wittdün, ist es oft menschenleer. Wenn man keine schöne Figur mehr hat, so wie ich, kann man sich herrlich ungeniert sonnen, ohne Plünnen. Natürlich auch mit Hängebusen, Bierbauch mit und ohne Popo – dem lieben Gott ist es egal.

Ach ja, und schön ist es, stundenlang am Meer entlang zu waten – da werden die Füße so schön gründlich sauber.

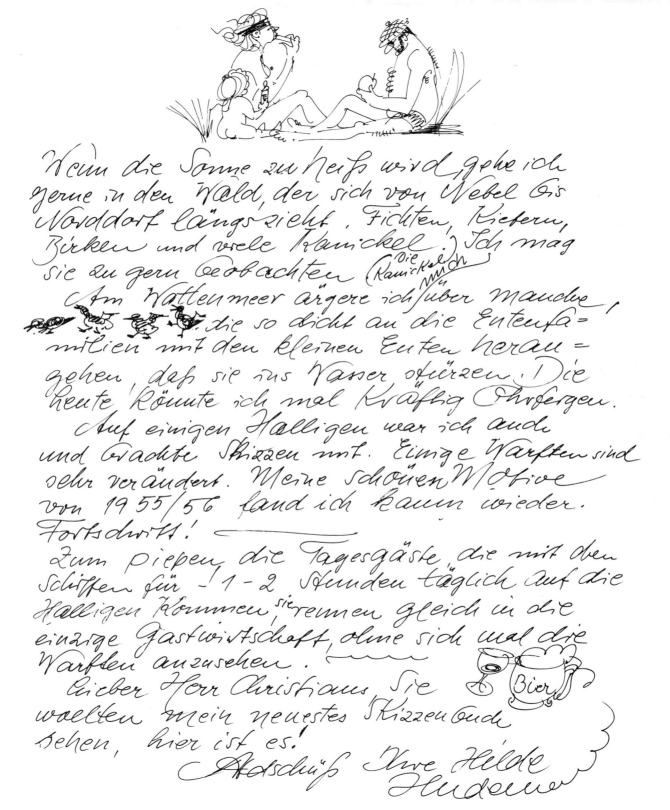

Wenn die Sonne zu heiß wird, gehe ich
gerne in den Wald, der sich von Nebel bis
Norddorf längszieht. Fichten, Kiefern,
Birken und viele Kaninckel! Ich mag
sie zu gern beobachten (Die Kaninckel, nicht die Fichten).

Am Wattenmeer ärgere ich über manche,
die so dicht an die Entenfa-
milien mit den kleinen Enten heran-
gehen, daß sie ins Wasser stürzen. Die
Leute könnte ich mal kräftig Ohrfeigen.

Auf einigen Halligen war ich auch
und brachte Skizzen mit. Einige Warften sind
sehr verändert. Meine schönen Motive
von 1955/56 fand ich kaum wieder.
Fortschritt! ——————

Zum Piepen die Tagesgäste, die mit den
Schiffen für 1-2 Stunden täglich auf die
Halligen kommen, sie rennen gleich in die
einzige Gastwirtschaft, ohne sich mal die
Warften anzusehen.

Lieber Herr Christians, Sie
wollten mein neuestes Skizzenbuch
sehen, hier ist es!

Adschüß Ihre Hilde
Hudecek

Stürmisch
Nebel Juni 83

Weg zum
Wattenmeer u. Nebel
Amrum 1983 H. Hudeman

Amrum – ein bedrohtes? „Insel-Paradies"

Amrum ist die kleinste der nordfriesischen Geestinseln; Sylt ist fünfmal (99 qkm) und Föhr viermal (80 qkm) größer. Lange Zeit sprach man nur von Sylt, und das war den Sommergästen von Amrum, und auch weitsichtigen Amrumern nur recht. So wurde die kleine Insel lange über= sehen, und manche Entwicklung, die andernorts Betonverwüstungen angerichtet hat, ging an Am= rum vorüber. Aber schon hat sich eine bekannte

Schlagersängerin ein „Friesenhaus" gebaut, in dem sich die Prominenz ein Stelldichein gibt. Kameras und Scheinwerfer richten sich auf das Paradies, das bald zerstört ist.

Kein Zweifel, Amrum ist im Augenblick „in", in der Presse, in der Literatur und im Fernsehen. Die Kurdirektoren und Anbeter der Bettenkapazität freuen sich über die kostenlose Reklame — aber es gibt nicht wenige, die werden bange und wünschten, daß die Insel ein Geheimnis geblieben wäre. Denn das Gedränge auf der Insel während der Sommersaison hat in den letzten Jahren bedenkliche Ausmaße erreicht — aber das Wundersame ist doch, daß man noch Einsamkeit findet, wenn man sie sucht. Beispielweise auf dem Kniepsand, auf dieser Sandplatte leuchtender Leere, wo der Mensch klein und die Natur groß geblieben ist, mit den sich über dem Horizontstrich auftürmenden Wolken, ihren wandernden Schatten, dem Stieben des windflüchtigen Sandes und den Rufen der Möwen und Seeschwalben, die sich von Badegästen noch nicht haben vertreiben lassen.

Nebel
H Hudemann Juni 83

In gütiger Laune hat die Natur eine kleine Insel mit einem riesengroßen Strand bedacht. Aber der Kniepsand gehört mit seinen rund zehn Quadrat= kilometern nicht zur Landfläche von Amrum, sondern ist eine Sandbank des Meeres, deren Wachsen und Wandern bis heute keine Ruhe kennt. Vielleicht ist es der Weite des Kniepsandes mit seinen textilen und textillosen Badestränden zu verdanken, daß die Insel dem Einzelnen noch viel Freiheit ver= mitteln kann?

Oder sind es die Dünen, die fast die Hälfte der eiszeitlichen Inselgeest bedecken und sich mit lan= gen Nehrungshaken nach Norden zur Odde und nach Süden bis Wittdün hinschwingen? Wer diese Landschaft hoch aufgewehter Hügel besucht, ist bald in einem Tale mit sich allein. Er findet uralte Kul= turspuren, zurück bis in die Steinzeit, von Völker= schaften, die längst über das Meer entschwunden sind. Oder er schaut dem Flugspiel der Silbermöwen zu, denen im Sommer die Dünen als Brutrevier gehören und die angriffslustig werden, wenn man ihren Nestern zu nahe kommt. Aus dunklen Heidetälern steigt der Duft von immergrünem

Juni '83 Nebel a/
Wattenmeer. Husum

Krähenbeerenkraut. An anderer Stelle wachsen mächtige Wanderdünen auf und begraben das Leben unter rinnendem Sand. Die Spur eines einsamen Wanderers ist bald zugeweht, übrig bleibt das ewige Singen des Seewindes im Halmenmeer des Strandhafers.

Vielleicht auch ist es der Wald, der die Suche nach Einsamkeit und Stille erfüllt? Unter windgezausten Kiefern und Fichten schlängeln sich schattendunkle Wege dahin, die Schritte auf einem Teppich brauner Nadeln gedämpft. Fast kann man sich auf den verwinkelten Pfaden verlieren — bis sich dann der Wald wieder öffnet, hinaus zur braunroten Heide oder hinauf zu den Dünen. Und wenn man den Leuchtturm, die Kirche von Nebel oder das Wattenmeer sieht, dann fühlt man sich wiedergefunden.

Nicht weniger still können die Wege durch die Amrumer Feldmark sein — zumal an sommerwarmen Tagen, wenn fast alles zum Baden am Kniepsande drängt. Landwirtschaft wird auf der Insel nur noch von wenigen Bauern betrieben — die anderen haben längst Scheunen und Ställe zu

In
Wehel
altes Friesenhaus 1983
x2

Ferienzimmern umgebaut, weil man mit Kurgästen viel mehr Geld als mit Kühen verdienen kann. So breiten sich zwischen den Vieh= weiden, Getreide – und Kartoffel= feldern immer wieder Flächen von Brachland aus, auf den sich eine bunte, duftende Wildwuchsflora ungestört entfaltet, über der sin= gende Lerchen schweben.

Von sanft gewellten Geesthöhen wandern die Augen über die grünen Wiesen am Watt, über das Wattenmeer, das bei Ebbe grau und bei Flut blau ist, hinüber zur Nachbarinsel Föhr oder noch weiter zum Horizont, auf dessen Strich die Halligwarften schwimmen. Und zwischen Wyk und Wittdün ist fast immer ein Fährschiff zu sehen.

Nach Amrum kommt man von den Festlandshäfen Dagebüll oder Schlüttsiel mit Fährschiffen der Wyker Dampfschiffs-Reederei. Auf halbem Wege taucht die Insel aus dem Meer, mit der welligen Silhoutte ihrer Dünen, der Kirchturmspitze von Nebel und der Mühle über dem Dorf, mit dem himmelwärts

Am Wattenmeer
auf der Wiese krankes Huhn
der Hahn an Gesellschaft dabei
trau 13 Andersen

strebenden Strich des Leuchtturmes und den Hoch=
bauten auf der Südspitze Wittdün.

Wittdün wurde im Jahre 1890 als Badeort gegründet.
Hier in der Dünenwildnis stand bis dahin kein Haus,
aber bald wuchsen umso mächtigere – Riesenhotels
mit wilhelminischem Gepräge, das „Kurhaus" der
„Kaiserhof", „Hohenzollern", „Germania" und andere.
Aber unvergleichlich ist die meerbezogenen Szenerie,
der Blick über das Wattenmeer und über die Nordsee,
die Nähe der Halligen Hooge und Langeneß, der wind=
stille Sommertag und der stürmische Herbst an der
Strandpromenade, das Hin und Her der Fähren, Aus=
flugsschiffe, Segeljachten, Tonnenleger, Rettungsboote
oder Krabbenkutter, die im nahen Seezeichenhafen
ihre Liegeplätze haben. Auch der rote Leuchtturm
mit den weißen Bauchbinden gehört noch in den
Bilderrahmen rund um Wittdün.

Sanft schwingt sich die alte Hafenbucht hinüber
nach Steenodde, dem kleinsten, aber mit seinen
alten und neuen Friesenhäusern heute schön=
sten Ort der Insel. Zwischen den hingestreuten
Häusern wölben sich Hügelgräber als dunkle
Rundungen auf den Höhen der Geest und zeugen

Mühle in
Süddorf Juni 83
Abwechselnd Regen-Sonne-Wind

vom Totenkult in der Bronze- und Wikingerzeit. Ja, auch die Wikinger waren hier und haben Spuren hinterlassen. Von Steenodde aus führt ein alter Wehrwall hinüber nach Süddorf, dem kleinen Friesendorf, dessen Wahrzeichen eine buntbemalte Mühle ist.

Ein Friesendorf ist auch Nebel, eingebettet zwischen sanften Hügeln, ganz nahe am Watt. Die reetgedeckten Häuser sind fast alle unter hohen Bäumen geschützt, und schmale Gassen führen an weißen und roten Giebeln, bunten Blumen- und Obstgärten und Grundstückswällen aus Findlingen vorbei. Hier scheint die Welt noch heil zu sein. Mittelpunkt des Dorfes ist die weißbemalte Kirche. Das Schiff wurde im 13. Jahrhundert, der Turm aber erst im Jahre 1908 erbaut. Die großen Fenster im Süden verbreiten im Inneren ein anheimelndes Licht und heben die besondere Atmosphäre der alten Inselkirche heraus. Sie ist ganz nach dem alten Bilde renoviert und zeigt uns einige bemerkenswerte Kunstschätze – etwa die fast meterhohen Schnitzfiguren der Apostelreihe, den Sakramentschrank oder die Kronleuchter, die von Commandeuren der Walfangzeit gestiftet sind. Von Commandeuren und Kapitänen

auf dem Wattenmeerweg
nach Norddorf

Strandemann

erzählen auch kunstvoll gehauene Grabplatten und Grabsteine an der Kirchenmauer und auf dem Friedhof. Sie tragen in den Giebeln eine ganze Flotte von Schiffen, Walfängern, Handelsfregatten und Küstenfrachtern, die mitsamt ihren Führern im „Hafen der Ewigkeit" vor Anker gegangen sind.

Von Nebel nach Norddorf, dem nördlichsten Ort der Insel, führen viele Wege – durch Wald und Heide, über die Feldmark oder am Wattufer entlang. Und dieser Weg an der Grenze von Land und Meer ist der schönste. Norddorf liegt auf dem hohen Hang der eiszeitlichen Inselmoräne, im Westen von Dünen begrenzt. Nach Norden breiten sich Marschwiesen aus mit weidendem Vieh und mitten im Sommer mit duftendem Heu.

Das alte Friesendorf, von dem aber nur noch wenige ältere Häuser vorhanden sind, wurde gleichzeitig mit Wittdün Badeort, wenn auch aus ganz anderen Motiven. Die Insulaner hatten damals Bedenken gegen den Fremdenverkehr, „weil wir den Verderb der guten, hiesigen Sitten durch Badeleute befürchten" wie der Gemeinderat ins Protokollbuch schrieb. Deshalb wurde Pastor Friedrich von Bodelschwingh gerufen, und er baute Hospize für „stille Gäste". Diese Hospize spielen

1983 Zwischen Süddorf und Steenodde Schaf
hier zwischen Tannen
herrlich einsam

auch heute noch im Nordseebad Norddorf eine große Rolle.

Von den Dünenhöhen bei Norddorf blickt man hinüber nach Sylt. Hörnum mit seinem Leuchtturm ist bei klarem Wetter ganz nah. Noch näher liegt Föhr, von der Nordspitze Amrum nur gut zwei Kilometer entfernt. Und wenn Ebbe ist, wandert man auf einem markierten Weg über das Watt von Insel zu Insel.

Georg Quedens
ut Norddorf.

Lütten Imbiß in den Dünen auf dem Weg nach Nebel

sehr stürmisch
Kaum Sonne 1. 7. 83
Nord-West

heute kühl
am
FKK-
strand.

Kniepsand
30 Juni '83
H. Hederer

Betreten verboten

Ou lütten Privathoben   Ruhiger Tag
in Steenodde 1983 Juni HJHudemann

Wie das Salz ins Meer kam

Es war einmal ein lieber wackerer Knabe, der hatte weiter nichts auf Erden als eine blinde Großmutter und ein helles Gewissen. Als er nun aus der Schule war, wurde er Schiffsjunge und sollte seine erste Reise antreten. Da sah er wie alle seine Kameraden mit blankem Gelde spielten, und er hatte nichts, auch nicht den geringsten Pfennig. Darüber war er traurig und klagte es der Großmutter. Sie besann sich erst ein Weilchen, dann humpelte sie in ihre Kammer, holte eine kleine alte Mühle heraus, schenkte sie dem Jungen und sprach: „Wenn du zu dieser Mühle sagst:

Mühle, Mühle, mahle mir
rote Dukaten gleich allhier!

so mahlt sie dir lauter Dukaten, soviel du begehrst; und wenn du sprichst:

Mühle, Mühle, stehe still,
weil ich nichts mehr haben will,

so hört sie auf zu mahlen; und so kannst du dir alle Dinge, die du nur wünschst, von der Mühle mahlt lassen. Sag aber nichts davon, sonst ist es dein Unglück!" Der Junge bedankte sich, nahm Abschied und ging aufs Schiff. Als nun die Kameraden mit ihrem blanken Gelde spielten, stellte er sich mit seiner Mühle in einem düstern Winkel und sprach:

„Mühle, Mühle, male mir
rote Dukaten gleich allhier!"

Steenodde Juni 83
Hudanoi

1 Liter Krabben 3,—
Nebenan liegt der Seenotrettungskreuzer

Da mahlte die Mühle lauter rote Dukaten, die fielen klingend in seine lederne Mütze. Und als die Mütze voll war, sprach er nur:

„Mühle, Mühle, stehe still,
weil ich nichts mehr haben will!"

Da hörte sie auf zu mahlen. Nun war er von allen Kameraden der reichste; und wenn es ihnen an Speise fehlte, wie es wohl manchmal geschah, da der Kapitän sehr geizig war, sprach er nur:

„Mühle, Mühle, male mir
frische Semmeln gleich allhier!"

so mahlte sie so lange, bis er das andere Sprüchlein aufsagte; und was er auch sonst noch begehrte, alles mahlte die kleine Mühle. Nun fragten ihn die Kameraden wohl oft, woher er die schönen Sachen bekomme; doch da er sagte, er dürfe es nicht sagen, drangen sie nicht weiter in ihn, zumal er alles ehrlich mit ihnen teilte.

Es dauerte aber nicht lange, da bekam der böse Kapitän Wind davon, und eines Abends rief er den Schiffsjungen in die Kajüte und sprach: „Hole deine Mühle und mahle mir frische Hühner. Der Knabe ging und brachte einen Korb frischer Hühner. Damit jedoch war der gottlose Mensch nicht zufrieden: er schlug den armen Jungen so lange, bis dieser ihm die Mühle holte und ihm sagte, was er sprechen müsse, wenn sie mahlen solle; den anderen Spruch aber, den man sagen mußte, wenn sie aufhören sollte, lehrte er ihn nicht, und der Kapitän dachte auch nicht daran, ihn danach zu fragen. Als der Junge später allein auf dem Deck stand, ging der Kapitän zu ihm und stieß ihn ins Meer
(son' Aas!)

Bei Steenode darimten
Wittdün
Juni 83
H.H. Windstärke 7-8
sehr stürmisch.
Fähre hatte Verspätung

Hierauf ging er in seine Kajüte, und da es eben an Salz fehlte, sagte er zu der kleinen Mühle:

„Mühle, Mühle, mahle mir
weiße Salzkörner gleich allhier!"

Da mahlte sie lauter weiße Salzkörner. Als aber der Napf voll war, sprach der Kapitän: „Nun ist's genug!" Doch sie mahlte immerzu, und er konnte sagen, was er wollte, sie mahlte immerzu, bis die ganze Kajüte voll war. Da faßte er die Mühle an, um sie über Bord zu werfen, erhielt aber einen solchen Schlag, daß er betäubt zu Boden fiel. Und sie mahlte immerzu, bis das ganze Schiff voll war und zu sinken begann, und nie ist größere Not auf einem Schiff gewesen. Zuletzt faßte der Kapitän sein Schwert und hieb die Mühle in lauter kleine Stücke; aber siehe! aus jedem kleinen Stück wurde eine kleine Mühle, geradeso, wie die alte gewesen war. Und alle Mühlen mahlten lauter weiße Salzkörner. Da war's bald um das Schiff geschehen: es sank mit Mann und Maus und allen Mühlen. Die aber mahlten unten am Grunde noch immerzu lauter weiße Salzkörner. ∽ Wilhelm Wisser

Am Knicpsand
dollen Sturm hüüt. Gaden
verboten Hilde
29. Juni 83 Liedemann
saß hinterm Strandkorb

Hein, segg mal, weets du wat en Kilowatt
is? Ja, dat weet ick wiß: En Kilo Watt, dat
sind twee Pund Schlick! ~

Kniepsand gegenüber Sylt
30. Juni 83 Sanden

Vogelwarthäuschen

dde Auvum
u der Marsch bei Norddorf

Der Name Amrum

In früheren Zeiten sollen Amrum und Föhr miteinander zusammengehangen haben; als die Flut die Landverbindung durchbrach, war das Tief anfangs noch so schmal, daß man trocknen Fußes hindurch gehen konnte, wenn man auf einen alten Eimer trat, der in der Mitte des Tiefes lag. Da nun das Wasser den Eimer gewöhnlich zurückwarf, so mußte man ihn vor dem Betreten erst umkehren und sagte dann:

„Ammer um!"

und danach soll die Insel Amrum den Namen erhalten haben. ~

Teehaus
bei Norddorf Juni 83 ♫♫
Hier sitzt man gemütlich zum Kaffee

Trutz, blanke Hans

Heut bin ich über Rungholt gefahren,
die Stadt ging unter vor fünfhundert Jahren.
Noch schlagen die Wellen dort wild und empört,
wie damals, als sie die Marschen zerstört.
Die Maschine des Dampfers schütterte, stöhnte,
aus den Wassern rief es unheimlich und höhnte:
Trutz, blanke Hans!

Von der Nordsee, der Mordsee, vom Festland geschieden
liegen die friesischen Inseln im Frieden.
Und Zeugen weltenvernichtender Wut,
taucht Hallig auf Hallig aus fliehender Flut.
Die Möve zankt schon auf wachsenden Watten,
der Seehund sonnt sich auf sandigen Platten.
Trutz, blanke Hans.

Rungholt ist reich und wird immer reicher,
kein Korn mehr faßt selbst der größeste Speicher.
Wie zur Blütezeit im alten Rom
staut hier täglich der Menschenstrom.
Die Sänften tragen Syrer und Mohren,
mit Goldblech und Flitter in Nasen und Ohren.
Trutz, blanke Hans.

Auf allen Märkten, auf allen Gassen
lärmende Leute, betrunkene Massen.
Sie ziehen am Abend hinaus auf den Deich:
"Wir trutzen dir, blanker Hans, Nordseeteich!"
"Und wie sie dröhnend die Fäuste ballen,
zieht leis aus dem Schlamm der Krake die Krallen –
Trutz, blanke Hans!

Die Wasser ebben, die Vögel ruhen,
der liebe Gott geht auf leisesten Schuhen.
Der Mond zieht am Himmel gelassen die Bahn,
belächelt der protzigen Rungholter Wahn.
Von Brasilien glänzt bis zu Norwegs Riffen,
das Meer ein schlafender Stahl, der geschliffen.
     Trutz, blanke Hans.

Und überall friede, im Meer, in den Landen.
Plötzlich ein Ruf eines Raubtiers in Banden:
das Scheusal wälzte sich, atmete tief,
und schloß die Augen wieder und schlief.
Und rauschende, schwarze, langmähnige Wogen
kommen wie rasende Rosse geflogen.
     Trutz blanke Hans.

Ein einziger Schrei! – die Stadt ist versunken,
und Hunderttausende sind ertrunken.
Wo gestern noch Lärm und lustiger Tisch,
schwamm andern Tages der stumme Fisch.

Heut bin ich über Rungholt gefahren,
die Stadt ging unter vor fünfhundert Jahren.
     Trutz, blanke Hans?

                    Detlev von Liliencron

Nach unserer heutigen Kenntnis ist Rungholt keine
Großstadt in der Mitte der friesischen „Uthlande" gewesen,
sondern nur ein großes Marschdorf.
Rungholt verging in der Marcellusflut 16. Januar 1362.
(„aldergrötheste Mandrencke")

„Land unter"!

Die Menschen auf den Halligen leben mit dem Meer.
Bei starkem Weststurm steigt die Nordsee über das
niedrige Land und brandet um die Warften. „Land unter"!
Die Warften - Wohnhügel, auf denen die Häuser zusam=
mengedrängt sind - haben sich nun in Einzelinseln ver=
wandelt - bis der Sturm ausgeweht oder wieder Ebbe ein=
getreten ist. Solche „Land unter-Tage" ereignen sich im
Laufe eines Jahres bis zu zwanzig Mal.

Vor Jahren aber ging ein Sturm ganz anderer Art
über die Halligen im Nordfriesischen Wattenmeer - der
Sturm des Fortschrittes. Vom Festlande aus wurden
Elektrokabel durch das Watt verlegt, und die Halligen
erhielten Strom und somit über Radio und Fernsehen
Anschluß an den Rest der Welt. Das war in den 60er
Jahren, wenig später wurde der Bau von Süßwasser=
leitungen zu den Halligen geplant. Bis dahin hatte
man noch Regenwasser sammeln und aufbereiten
müssen, und zum Heizen getrockneten Kuhmist,
„Ditten" genannt, gebraucht.

Als dann die große Orkanflut im Februar 1962
nicht nur über das Halligland, sondern auch über
die Warften stieg und zahlreiche alte Häuser zer=
störte, erfolgte im Zusammenhang mit der

Ebbe im Plander Hafen
Juni 1983
H. Audemann

Süh' man to wie du dor wedder
rut koomst !

„Hallig-Sanierung" der Neuaufbau von „modernen" Gebäuden, deren Stil das alte, weltweit verbreitete Bild der Halligwarften mit den aneinandergedrängten, sturmgeduckten Reetdachhäusern fast ganz verdrängte. Die eigenartige, altertümliche Atmosphäre der Landschaft hat gelitten, aber das Wohnen auf diesen kleinen Eilanden ist sicherer geworden. Der Giebelteil der neuen Häuser ruht auf stabilen Ständern. Und wenn eine sehr hohe Flut die Mauern des Hauses bedrängt, dann sind die Bewohner unter dem Dach in Sicherheit.

Georg Quedens

Bei der Schleuse auf Hooge im Juni 1983
abends zwischen 6 u. 8 Uhr
im Hintergrund die Backenswarft.

Westerwarft auf Hooge
Jun. 1983 Heidewamm
noch Strohdächer

WESTERWARFT

33 dieses Motiv nicht mehr da

Hallig Hooge
H. Hudemann 56

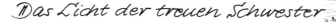

Das Licht der treuen Schwester

An dem Ufer einer Hallig wohnte einsam in einer Hütte eine Jungfrau. Vater und Mutter waren gestorben und der Bruder war fern auf der See. Mit Sehnsucht im Herzen gedachte sie der Toten und des Abwesenden und harrte seiner Wiederkehr. Als der Bruder Abschied nahm, hatte sie ihm versprochen, allnächtlich ihre Lampe ans Fenster zu setzen, damit das Licht, weithin über die See schimmernd, wenn er heimkehre, ihm sage, daß seine Schwester Elke noch lebe und seiner warte. Was sie versprochen, das hielt sie. An jedem Abend stellte sie die Lampe ans Fenster und schaute Tag und Nacht auf die See hinaus, ob nicht der Bruder käme. Es vergingen Monde, es vergingen Jahre, und noch immer kam der Bruder nicht. Elke ward zur Greisin. Und immer saß sie noch am Fenster und schaute hinaus, und an jedem Abend stellte sie die Lampe aus und wartete.

Endlich war es einmal bei ihr dunkel und das gewohnte Licht erloschen. Da riefen die Nachbarn einander zu: „Der Bruder ist gekommen!" und eilten ins Haus der Schwester. Da saß sie da, tot und starr, ans Fenster gelehnt, als wenn sie noch hinaus blickte, und die erloschene Lampe stand neben ihr.

Aus der Sammlung Müllenhoffs.

Auf Hallig
Langeneß Okt. 66
Dieses Haus suchte ich 1983 vergebens

Langeneß 83

Elektrisch Licht

Vör'n foffti Joars Tied kreegen de Lüüd ut Tüünbüttel elektrisch-Lich. De Leitungen weern al verleggt, överall in'e Stuben bummelten de nien Lampen an'e Dääk, und dor wor uck al tostellt um dat Lichfest. Man bloß de Tranformater weer noch nich doar. De Börgermeister har al an de Firma schräben und har keen Antwort krägen. De Termin vun dat Lichfest keem neger und neger. Toletz keem doar en Telegramm bi de Börgermeister an, aber doar stunn wieder nix in as: AEG 137-3. De Gemeenderat keem op'n Dutt, aber keeneen wuß sick'n Rat mit dat dore Telegramm. Endli sä de ole Henri: "Lüüd, dat helpt alto= mal nix, wi möt hen na de Schoolmeister, de mutt dat wee= ten. Aber de Schoolmeister sä bloß: "Lüüd, frag mi wat, wat ick better verklaren kann. Hiermit kann ick jem ni helpen!"

Na, denn möt'n wi je en Etage höger, brummten de Ge= meenräte, denn möt wi je na de Paster!" De Preester be= keek sick' dat Telegramm und läst: "AEG 137-3" Das werden wir gleich haben, halt en Gesangbook vun't Böker= rich, steit op un seggt: "Das Telegramm bedeutet: „Altes Evangelisches Gesangbuch, Nr. 137 Vers 3, da steht: "Macht eure Lampen fertig, er ist schon auf der Bahn!"

Handischmoor
17. Juni 83.

Kleiner Hinweis: „Aus der Chronik der Hallig Nordstrandischmoor" von Fritz Karff. (Christians Verlag)

Klein Heide, zwei Jahre alt, fährt zum ersten Mal mit ihren Eltern von Husum nach Hallig Süderoog. Unterwegs wird ein Seehund gesichtet. Entfernung vom Schiff ca. 50 Meter. Die Passagiere begucken mit staunendem Interesse den runden Kopf mit den großen Augen und dem struppigen Bart. Auch Heide, auf Vaters Arm, zeigt mit dem Arm in Richtung auf das Objekt und sagt: „Was macht der Onkel?"

(Das war Brar Riewerts Tochter)

.... Und wenn Sie Nordfriesland noch besser kennenlernen wollen, im selben Verlag erschien mein Lieblingsbuch:

„Wanderungen in Nordfriesland"

Weitere Titel von Hilde Hudemann:
Oevelgönne - Neumühlen
Große Hamburger Hafenrundfahrt
Die Elbe
Hamburg
Lüneburg

CIP - Kurztitelaufnahme der Deutschen Bibliothek
Hudemann, Hildegard:
Schöne Ferientage auf Amrum und den Halligen/
Hilde Hudemann. - Hamburg: Christians, 1984
ISBN 3 - 7672 - 0848-2

© Hans Christians Verlag, Hamburg 1984
Alle Rechte vorbehalten
Herstellung Christians Druckerei, Hamburg
ISBN 3 - 7672 - 0848-2
Printed in Germany

H. Andeman
auf der Hallig gezeichnet 83

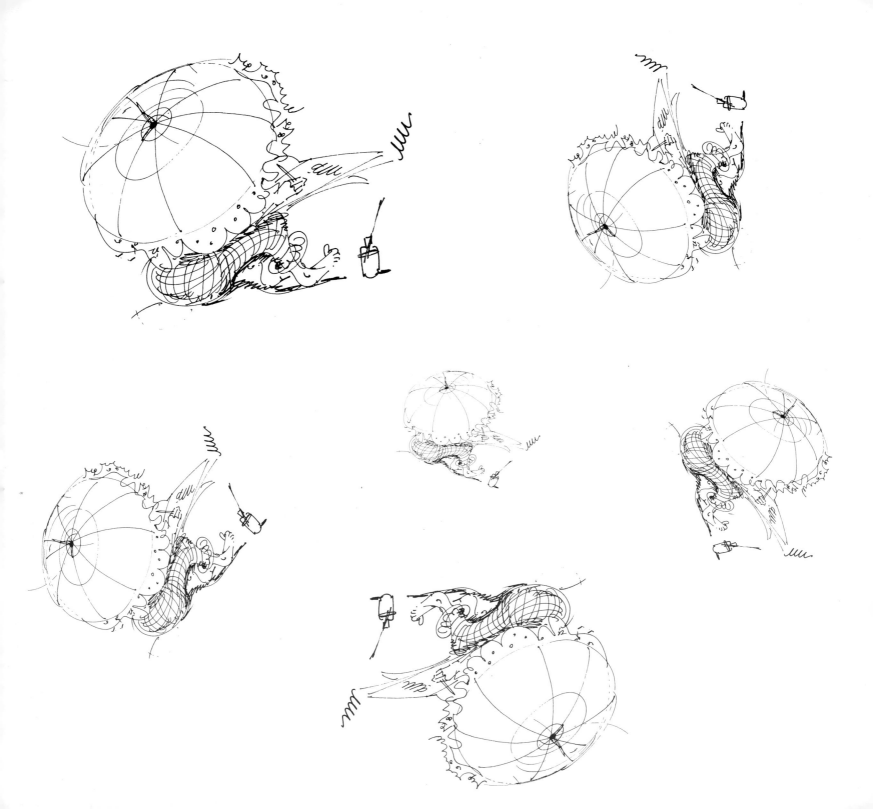